Cantos de vida y esper

Rubén Darío

A

NICARAGUA

A LA REPÚBLICA ARGENTINA

R. D.

PREFACIO

Podría repetir aquí más de un concepto de las palabras liminares de *Prosas profanas*. Mi respeto por la aristocracia del pensamiento, por la nobleza del Arte, siempre es el mismo. Mi antiguo aborrecimiento a la mediocridad, a la mulatez intelectual, a la chatura estética, apenas si se aminora hoy con una razonada indiferencia.

El movimiento de libertad que me tocó iniciar en América se propagó hasta España, y tanto aquí como allá el triunfo está logrado. Aunque respecto a técnica tuviese demasiado que decir en el país en donde la expresión poética está anquilosada, a punto de que la momificación del ritmo ha llegado a ser un artículo de fe, no haré sino una corta advertencia. En todos los países cultos de Europa se ha usado del hexámetro absolutamente clásico, sin que la mayoría letrada y, sobre todo, la minoría leída se asustasen de semejante manera de cantar. En Italia ha mucho tiempo, sin citar antiguos, que Carducci ha autorizado los hexámetros; en inglés, no me atrevería casi a indicar, por respeto a la cultura de mis lectores, que la *Evangelina*, de Longfellow, está en los mismos versos en que Horacio dijo sus mejores pensares. En cuanto al verso libre moderno..., ¿no es verdaderamente singular que en esta tierra de Quevedos y Góngoras los únicos innovadores del instrumento lírico, los únicos libertadores del ritmo, hayan sido los poetas del *Madrid Cómico* y los libretistas del género chico?

Hago esta advertencia porque la forma es lo que primeramente toca a las muchedumbres. Yo no soy un poeta para las muchedumbres. Pero sé que indefectiblemente tengo que ir a ellas.

Cuando dije que mi poesía era *mía, en mí*, sostuve la primera condición de mi existir, sin pretensión ninguna de causar sectarismo en mente o voluntad ajena, y en un intenso amor a lo absoluto de la belleza.
Al seguir la vida que Dios me ha concedido tener, he buscado expresarme lo más noble y altamente en mi comprensión. Voy diciendo mi verso con una modestia tan orgullosa, que solamente las espigas comprenden, y cultivo, entre otras flores, una rosa rosada, concreción de alba, capullo de porvenir, entre el bullicio de la literatura.
Si en estos cantos hay política, es porque aparece universal. Y si encontráis versos a un presidente, es porque son un clamor continental. Mañana podremos ser yanquis (y es lo más probable); de todas maneras, mi protesta queda escrita sobre las alas de los inmaculados cisnes, tan ilustres como Júpiter.

R. D.

CANTOS DE VIDA Y ESPERANZA

A

J. ENRIQUE RODO

I

YO soy aquel que ayer no más decía
El verso azul y la canción profana,
En cuya noche un ruiseñor había
Que era alondra de luz por la mañana.

El dueño fui de mi jardín de sueño,
Lleno de rosas y de cisnes vagos;
El dueño de las tórtolas, el dueño
De góndolas y liras en los lagos;

Y muy siglo diez y ocho y muy antiguo
Y muy moderno; audaz, cosmopolita;
Con Hugo fuerte y con Verlaine ambiguo,
Y una sed de ilusiones infinita.

Yo supe de dolor desde mi infancia,
Mi juventud... ¿fue juventud la mía?
Sus rosas aún me dejan su fragancia...
Una fragancia de melancolía...

Potro sin freno se lanzó mi instinto,
Mi juventud montó potro sin freno;
Iba embriagada y con puñal al cinto;
Si no cayó, fue porque Dios es bueno.

En mi jardín se vio una estatua bella;
Se juzgó mármol y era carne viva;
Un alma joven habitaba en ella,
Sentimental, sensible, sensitiva.

Y tímida ante el mundo, de manera
Que encerrada en silencio no salía,
Sino cuando en la dulce primavera
Era la hora de la melodía...

Hora de ocaso y de discreto beso;
Hora crepuscular y de retiro;
Hora de madrigal y de embeleso,
De «te adoro», de «¡ay!» y de suspiro.

Y entonces era en la dulzaina un juego
De misteriosas gamas cristalinas,
Un renovar de notas del Pan griego
Y un desgranar de músicas latinas.

Con aire tal y con ardor tan vivo,
Que a la estatua nacía de repente
En el muslo viril patas de chivo
Y dos cuernos de sátiro en la frente.

Como la Galatea gongorina
Me encantó la marquesa verleniana,
Y así juntaba a la pasión divina
Una sensual hiperestesia humana;

Todo ansia, todo ardor, sensación pura
Y vigor natural; y sin falsía,
Y sin comedia y sin literatura...:
Si hay una alma sincera, ésa es la mía.

La torre de marfil tentó mi anhelo;
Quise encerrarme dentro de mí mismo,
Y tuve hambre de espacio y sed de cielo
Desde las sombras de mi propio abismo.

Como la esponja que la sal satura
En el jugo del mar, fue el dulce y tierno
Corazón mío, henchido de amargura
Por el mundo, la carne y el infierno.

Mas, por gracia de Dios, en mi conciencia
El Bien supo elegir la mejor parte;
Y si hubo áspera hiel en mi existencia,
Melificó toda acritud el Arte.

Mi intelecto libré de pensar bajo,
Bañó el agua castalia el alma mía,
Peregrinó mi corazón y trajo
De la sagrada selva la armonía.

¡Oh, la selva sagrada! ¡Oh, la profunda
Emanación del corazón divino
De la sagrada selva! ¡Oh, la fecunda
Fuente cuya virtud vence al destino!

Bosque ideal que lo real complica,
Allí el cuerpo arde y vive y Psiquis vuela;
Mientras abajo el sátiro fornica,
Ebria de azul deslíe Filomena.

Perla de ensueño y música amorosa
En la cúpula en flor del laurel verde,
Hipsipila sutil liba en la rosa,
Y la boca del fauno el pezón muerde.

Allí va el dios en celo tras la hembra,
Y la caña de Pan se alza del lodo;
La eterna vida sus semillas siembra,
Y brota la armonía del gran Todo.

El alma que entra allí debe ir desnuda,
Temblando de deseo y fiebre santa,
Sobre cardo heridor y espina aguda:
Así sueña, así vibra y así canta.

Vida, luz y verdad, tal triple llama
Produce la interior llama infinita.
El Arte puro como Cristo exclama:
Ego sum lux et veritas et vita!

Y la vida es misterio, la luz ciega
Y la verdad inaccesible asombra;
La adusta perfección jamás se entrega,
Y el secreto ideal duerme en la sombra.

Por eso ser sincero es ser potente;
De desnuda que está, brilla la estrella;
El agua dice el alma de la fuente
En la voz de cristal que fluye de ella.

Tal fue mi intento, hacer del alma pura
Mía, una estrella, una fuente sonora,
Con el horror de la literatura
Y loco de crepúsculo y de aurora.

Del crepúsculo azul que da la pauta
Que los celestes éxtasis inspira,

Bruma y tono menor —¡toda la flauta!,
Y Aurora, hija del Sol —¡toda la lira!

Pasó una piedra que lanzó una honda;
Pasó una flecha que aguzó un violento.
La piedra de la honda fue a la onda,
Y la flecha del odio fuese al viento.

La virtud está en ser tranquilo y fuerte;
Con el fuego interior todo se abrasa;
Se triunfa del rencor y de la muerte,
Y hacia Belén... la caravana pasa!

II

SALUTACIÓN DEL OPTIMISTA

ÍNCLITAS razas ubérrimas, sangre de Hispania fecunda,
Espíritus fraternos, luminosas almas, salve!
Porque llega el momento en que habrán de cantar nuevos himnos
Lenguas de gloria. Un vasto rumor llena los ámbitos;
Mágicas ondas de vida van renaciendo de pronto;
Retrocede el olvido, retrocede engañada la muerte;
Se anuncia un reino nuevo, feliz sibila sueña
Y en la caja pandórica de que tantas desgracias surgieron
Encontramos de súbito, talismánica, pura, riente,
Cual pudiera decirla en sus versos Virgilio divino,
La divina reina de luz, la celeste Esperanza!

Pálidas indolencias, desconfianzas fatales que a tumba
O a perpetuo presidio condenasteis al noble entusiasmo,
Ya veréis el salir del sol en un triunfo de liras,
Mientras dos continentes, abonados de huesos gloriosos,
Del Hércules antiguo la gran sombra soberbia evocando,
Digan al orbe: la alta virtud resucita
Que a la hispana progenie hizo dueña de siglos.

Abominad la boca que predice desgracias eternas,
Abominad los ojos que ven sólo zodíacos funestos,
Abominad las manos que apedrean las ruinas ilustres,
O que la tea empuñan o la daga suicida.
Siéntense sordos ímpetus en las entrañas del mundo,
La inminencia de algo fatal hoy conmueve la Tierra;
Fuertes colosos caen, se desbandan bicéfalas águilas,
Y algo se inicia como vasto social cataclismo
Sobre la faz del orbe. ¿Quién dirá que las savias dormidas
No despierten entonces en el tronco del roble gigante
Bajo el cual se exprimió la ubre de la loba romana?
¿Quién será el pusilánime que al vigor español niegue músculos
y que al alma española juzgase áptera y ciega y tullida?
No es Babilonia ni Nínive enterrada en olvido y en polvo
Ni entre momias y piedras reina que habita el sepulcro,
La nación generosa, coronada de orgullo inmarchito,
Que hacia el lado del alba fija las miradas ansiosas,
Ni la que tras los mares en que yace sepultada la Atlántida,
Tiene su coro de vástagos, altos, robustos y fuertes.

Unanse, brillen, secúndense tantos vigores dispersos;
Formen todos un solo haz de energía ecuménica.
Sangre de Hispania fecunda, sólidas, ínclitas razas,
Muestren los dones pretéritos que fueron antaño su triunfo.
Vuelva el antiguo entusiasmo, vuelva el espíritu ardiente
Que regará lenguas de fuego en esa epifanía.

Juntas las testas ancianas ceñidas de líricos lauros
Y las cabezas jóvenes que la Alta Minerva decora,
Así los manes heroicos de los primitivos abuelos,
De los egregios padres que abrieron el surco pristino,
Sientan los soplos agrarios de primaverales retornos
Y el rumor de espigas que inició la labor triptolémica.

Un continente y otro renovando las viejas prosapias,
En espíritu unidos, en espíritu y ansias y lengua,
Ven llegar el momento en que habrán de cantar nuevos himnos.
La latina estirpe verá la gran alba futura,
Y en un trueno de música gloriosa, millones de labios
Saludarán la espléndida luz que vendrá del Oriente,
Oriente augusto en donde todo lo cambia y renueva
La eternidad de Dios, la actividad infinita.
Y así sea esperanza la visión permanente en nosotros.
Inclitas razas ubérrimas, sangre de Hispania fecunda!

III

AL REY OSCAR

Le Roi de Suède et de Norvège, après avoir visité Saint-Jean-de-Luz s'est rendu à Hendaye et à Fonterrabie. En arrivant sur le sol espagnol, il a crié: «Vive l'Espagne!»
Le Figaro, mars 1899

ASÍ, Sire, en el aire de la Francia nos llega
La paloma de plata de Suecia y de Noruega,
Que trae en vez de olivo una rosa de fuego.

Un búcaro latino, un noble vaso griego
Recibirá el regalo del país de la nieve.
Que a los reinos boreales el patrio viento lleve
Otra rosa de sangre y de luz españolas;
Pues sobre la sublime hermandad de las olas,
Al brotar tu palabra, un saludo le envía
Al sol de medianoche el sol de Mediodía!

Si Segismundo siente pesar, Hamlet se inquieta.
El Norte ama las palmas; y se junta el poeta
Del fjord con el del carmen, porque el mismo oriflama
Es de azur. Su divina cornucopia derrama
Sobre el polo y el trópico la Paz; y el orbe gira
En un ritmo uniforme por una propia lira:
El Amor. Allá surge Sigurd que al Cid se aúna.
Cerca de Dulcinea brilla el rayo de luna,
Y la musa de Bécquer del ensueño es esclava
Bajo un celeste palio de luz escandinava.

Sire de ojos azules, gracias: por los laureles
De cien bravos vestidos de honor; por los claveles
De la tierra andaluza y la Alhambra del moro;
Por la sangre solar de una raza de oro;
Por la armadura antigua y el yelmo de la gesta;
Por las lanzas que fueron un vasta floresta
De gloria y que pasaron Pirineos y Andes;
Por Lepanto y Otumba; por el Perú, por Flandes;
Por Isabel que cree, por Cristóbal que sueña
Y Velázquez que pinta y Cortés que domeña;
Por el país sagrado en que Herakles afianza
Sus macizas columnas de fuerza y esperanza,
Mientras Pan trae el ritmo con la egregia siringa
Que no hay trueno que apague ni tempestad que extinga;
Por el león simbólico y la Cruz, gracias, Sire.

Mientras el mundo aliente, mientras la esfera gire,
Mientras la onda cordial alimente un ensueño,
Mientras haya una viva pasión, un noble empeño,
Un buscado imposible, una imposible hazaña,
Una América oculta que hallar, vivirá España!

Y pues tras la tormenta vienes de peregrino
Real, a la morada que entristeció el destino,
La morada que viste luto sus puertas abra
Al purpúreo y ardiente vibrar de tu palabra:
Y que sonría, oh rey Oscar, por un instante;
Y tiemble en la flor áurea el más puro brillante
Para quien sobre brillos de corona y de nombre,
Con labios de monarca lanza un grito de hombre!

IV

LOS TRES REYES MAGOS

—YO soy Gaspar. Aquí traigo el incienso.
Vengo a decir: La vida es pura y bella.
Existe Dios. El amor es inmenso.
Todo lo sé por la divina Estrella!

—Yo soy Melchor. Mi mirra aroma todo.
Existe Dios. El es la luz del día.
La blanca flor tiene sus pies en lodo.
Y en el placer hay la melancolía!

—Soy Baltasar. Traigo el oro. Aseguro
Que existe Dios. El es el grande y fuerte.
Todo lo sé por el lucero puro
Que brilla en la diadema de la Muerte.

—Gaspar, Melchor y Baltasar, callaos.
Triunfa el amor, y a su fiesta os convida.
Cristo resurge, hace la luz del caos
Y tiene la corona de la Vida!

V

CYRANO EN ESPAÑA

HE aquí que Cyrano de Bergerac traspasa
De un salto el Pirineo. Cyrano está en su casa.
¿No es en España, acaso, la sangre vino y fuego?
Al gran gascón saluda y abraza el gran manchego.
¿No se hacen en España los más bellos castillos?
Roxanas encarnaron con rosas los Murillos,
Y la hoja toledana que aquí Quevedo empuña
Conócenla los bravos cadetes de Gascuña.
Cyrano hizo su viaje a la Luna; mas, antes
Ya el divino lunático de don Miguel de Cervantes
Pasaba entre las dulces estrellas de su sueño
Jinete en el sublime pegado Clavileño.
Y Cyrano ha leído la maravilla escrita,
Y al pronunciar el nombre del Quijote, se quita
Bergerac el sombrero; Cyrano Balazote
Siente que es lengua suya la lengua del Quijote.
Y la nariz heroica del gascón se diría
Que husmea los dorados vinos de Andalucía.
Y la espada francesa, por él desenvainada,
Brilla bien en la tierra de la capa y la espada.
¡Bienvenido, Cyrano de Bergerac! Castilla
Te da su idioma, y tu alma, como tu espada, brilla
Al sol que allá en tus tiempos no se ocultó en España.
Tu nariz y penacho no están en tierra extraña,
Pues vienes a la tierra de la Caballería.
Eres el noble huésped de Calderón. María
Roxana te demuestra que lucha la fragancia
De las rosas de España con las rosas de Francia,
Y sus supremas gracias, y sus sonrisas únicas,
Y sus miradas, astros que visten negras túnicas,
Y la lira que vibra en su lengua sonora
Te dan una Roxana de España, encantadora.
¡Oh poeta! ¡Oh celeste poeta de la facha
Grotesca! Bravo y noble y sin miedo y sin tacha,
Príncipe de locuras, de sueños y de rimas:
Tu penacho es hermano de las más altas cimas,
Del nido de tu pecho una alondra se lanza,
Un hada es tu madrina, y es la Desesperanza;
Y en medio de la selva del duelo y del olvido
Las nueve musas vendan tu corazón herido.
¿Allá en la Luna hallaste algún mágico prado
Donde vaga el espíritu de Pierrot desolado?
¿Viste el palacio blanco de los locos del Arte?
¿Fue acaso la gran sombra de Píndaro a encontrarte?
¿Contemplaste la mancha roja que entre las rocas
Albas forma el castillo de las Vírgenes locas?

¿Y en un jardín fantástico de misteriosas flores
No oíste al melodioso Rey de los ruiseñores?
No juzgues mi curiosa demanda inoportuna,
Pues todas esas cosas existen en la Luna.
¡Bienvenido, Cyrano de Bergerac! Cyrano
De Bergerac, cadete y amante, y castellano
Que trae los recuerdos que Durandal abona
Al país en que aún brillan las luces de Tizona.
El Arte es el glorioso vencedor. Es el Arte
El que vence el espacio y el tiempo, su estandarte,
Pueblos, es del espíritu el azul oriflama.
¿Qué elegido no corre si su trompeta llama?
Y a través de los siglos se contestan, oíd:
La Canción de Rolando y la Gesta del Cid.
Cyrano va marchando, poeta y caballero,
Al redoblar sonoro del grave Romancero.
Su penacho soberbio tiene nuestra aureola.
Son sus espuelas finas de fábrica española.
Y cuando en su balada Rostand teje el envío,
Creeríase a Quevedo rimando un desafío.
¡Bienvenido, Cyrano de Bergerac! No seca
El tiempo el lauro; el viejo Corral de la Pacheca
Recibe al generoso embajador del fuerte
Molière. En copa gala Tirso su vino vierte.
Nosotros exprimimos las uvas de Champaña
Para beber por Francia y en un cristal de España.

VI

SALUTACIÓN A LEONARDO

MAESTRO, Pomona levanta tu cesto. Tu estirpe
Saluda la Aurora. Tu Aurora! Que extirpe
De la indiferencia la mancha; que gaste
La dura cadena de siglos; que aplaste
Al sapo la piedra de su honda.

Sonrisa más dulce no sabe Gioconda.
El verso su ala y el ritmo su onda
Hermanan en una
Dulzura de luna
Que suave resbala
(el ritmo de la onda, y el verso del ala
Del mágico cisne, sobre la laguna)
Sobre la laguna.

Y así, el soberano maestro
Del estro,
Las vagas figuras
Del sueño se encarnan en líneas tan puras,
Que el sueño
Recibe la sangre del mundo mortal,
Y Psiquis consigue su empeño
De ser advertida a través del terrestre cristal.
(Los bufones
Que hacen sonreír a Monna Lisa,
Saben canciones
Que ha tiempo en los bosques de Grecia decía la risa
De la brisa.)

Pasa su Eminencia.
Como flor o pecado en su traje
Rojo;
Como flor o pecado, o conciencia
De sutil monseñor que a su paje
Mira con vago recelo o enojo.
Nápoles deja a la abeja de oro
Hacer su miel
En su fiesta de azul; y el sonoro
Bandolín y el laurel
Nos anuncian Florencia.

Maestro, si allá en Roma
Quema el sol de Segor y Sodoma
La amarga ciencia
De purpúreas banderas, tu gesto
Las palmas nos da redimidas,
Bajo los arcos
De tu genio: San Marcos
Y Partenón de luces y líneas y vidas.
(Tus bufones
Que hacen la risa
De Monna Lisa
Saben tan antiguas canciones.)

Los leones de Asuero
Junto al trono para recibirte,
Mientras sonríe el divino Monarca;
Pero
Hallarás la sirte,
La sirte para tu barca
Si partís en la lírica barca
Con tu Gioconda...
La onda
Y el viento
Saben la tempestad para tu cargamento.

Maestro!
Pero tú en cabalgar y domar fuiste diestro;
Pasiones e ilusiones:
A unas con el freno, a otras con el cabestro
Las domaste, cebras o leones.
Y en la selva del Sol, prisionera
Tuviste la fiera
De la luz; y esa loca fue casta
Cuando dijiste: «Basta».
Seis meses maceraste tu Ester en tus aromas.
De tus techos reales volaron las palomas.

Por tu cetro y tu gracia sensitiva,
Por tu copa de oro en que sueñan las rosas,
En mi ciudad, que es tu cautiva,
Tengo un jardín de mármol y de piedras preciosas
Que custodia una esfinge viva.

VII

PEGASO

CUANDO iba yo a montar ese caballo rudo
Y tembloroso, dije: «La vida es pura y bella»,
Entre sus cejas viva vi brillar una estrella.
El cielo estaba azul y yo estaba desnudo.

Sobre mi frente Apolo hizo brillar su escudo
Y de Belerofonte logré seguir la huella.
Toda cima es ilustre si Pegaso la sella,
Y yo, fuerte, he subido donde Pegaso pudo.

Yo soy el caballero de la humana energía,
Yo soy el que presenta su cabeza triunfante
Coronada con el laurel del Rey del día;

Domador del corcel de cascos de diamante,
Voy en un gran volar, con la aurora por guía,
Adelante en el vasto azur, siempre adelante!

VIII

A ROOSEVELT

ES con voz de la Biblia, o verso de Walt Whitman,
que habría que llegar hasta ti, Cazador!
Primitivo y moderno, sencillo y complicado,
Con un algo de Washington y cuatro de Nemrod!
Eres los Estados Unidos,
Eres el futuro invasor
De la América ingenua que tiene sangre indígena,
Que aún reza a Jesucristo y aún habla español.

Eres soberbio y fuerte ejemplar de tu raza;
Eres culto, eres hábil; te opones a Tolstoy.
Y domando caballos, o asesinando tigres,
Eres un Alejandro-Nabucodonosor.
(Eres un profesor de energía,
Como dicen los locos de hoy.)

Crees que la vida es incendio,
Que el progreso es erupción;
En donde pones la bala
El porvenir pones.

No.

Los Estados Unidos son potentes y grandes.
Cuando ellos se estremecen hay un hondo temblor
Que pasa por las vértebras enormes de los Andes.
Si clamáis, se oye como el rugir del león.
Ya Hugo a Grant le dijo: «Las estrellas son vuestras».
(Apenas brilla, alzándose, el argentino sol
Y la estrella chilena se levanta...) Sois ricos.
Juntáis al culto de Hércules el culto del Mammón;
Y alumbrando el camino de la fácil conquista,
La Libertad levanta su antorcha en Nueva York.

Mas la América nuestra, que tenía poetas
Desde los viejos tiempos de Netzahualcoyotl,
Que ha guardado las huellas de los pies del gran Baco,
Que al alfabeto pánico en un tiempo aprendió;
Que consultó los astros, que conoció la Atlántida
Cuyo nombre nos llega resonando en Platón,
Que desde los remotos momentos de su vida
Vive de luz, de fuego, de perfume, de amor,
La América del grande Moctezuma, del Inca,

La América fragante de Cristóbal Colón,
La América católica, la América española,
La América en que dijo el noble Guatemoc:
«Yo no estoy en un lecho de rosas»; esa América
Que tiembla de huracanes y que vive de Amor;
Hombres de ojos sajones y alma bárbara, vive.
Y sueña. Y ama, y vibra; y es la hija del Sol.
Tened cuidado. Vive la América española,
Hay mil cachorros sueltos del León Español.
Se necesitaría, Roosevelt, ser por Dios mismo,
El Riflero terrible y el fuerte Cazador,
Para poder tenernos en vuestras férreas garras.

Y, pues contáis con todo, falta una cosa: Dios!

IX

TORRES de Dios! Poetas!
Pararrayos celestes,
Que resistís las duras tempestades,
Como crestas escuetas,
Como picos agrestes,
Rompeolas de las eternidades!

La mágica esperanza anuncia un día
En que sobre la roca de armonía
Expirará la pérfida sirena.
Esperad, esperemos todavía!

Esperad todavía
El bestial elemento se solaza
En el odio a la sacra poesía
Y se arroja baldón de raza a raza.
La insurrección de abajo
Tiende a los Excelentes.
El caníbal codicia su tasajo
Con roja encía y afilados dientes.

Torres, poned al pabellón sonrisa.
Poned ante ese mal y ese recelo
Una soberbia insinuación de brisa
Y una tranquilidad de mar y cielo...

X

CANTO DE ESPERANZA

UN gran vuelo de cuervos mancha el azul celeste.
Un soplo milenario trae amagos de peste.
Se asesinan los hombres en el extremo Este.

¿Ha nacido el apocalíptico Anticristo?
Se han sabido presagios y prodigios se han visto
Y parece inminente el retorno del Cristo.

La tierra está preñada de dolor tan profundo
Que el soñador, imperial meditabundo,
Sufre con las angustias del corazón del mundo.

Verdugos de ideales afligieron la tierra,
En un pozo de sombra la humanidad se encierra
Con los rudos molosos del odio y de la guerra.

¡Oh, Señor Jesucristo!, por qué tardas, qué esperas
Para tender tu mano de luz sobre las fieras
Y hacer brillar al sol tus divinas banderas!

Surge de pronto y vierte la esencia de la vida
Sobre tanta alma loca, triste o empedernida
Que amante de tinieblas tu dulce aurora olvida.

Ven, Señor, para hacer la gloria de ti mismo,
Ven con temblor de estrellas y horror de cataclismo,
Ven a traer amor y paz sobre el abismo.

Y tu cabello blanco, que miró el visionario,
Pase. Y suene el divino clarín extraordinario.
Mi corazón será brasa de tu incensario.

XI

MIENTRAS tenéis, oh negros corazones,
Conciliábulos de odio y de miseria,
El órgano de Amor riega sus sones.
Cantan: oíd: «La vida es dulce y seria».

Para ti, pensador meditabundo,
Pálido de sentirte tan divino,
Es más hostil la parte agria del mundo.
Pero tu carne es pan, tu sangre es vino.

Dejad pasar la noche de la cena
—¡Oh Shakespeare pobre, y oh Cervantes manco!—
Y la pasión del vulgo que condena.
Un gran Apocalipsis horas futuras llena.
Ya surgirá vuestro Pegaso blanco!

XII

HELIOS

OH, ruido divino,
Oh, ruido sonoro!
Lanzó la alondra matinal el trino,
Y sobre ese preludio cristalino,
Los caballos de oro
De que el Hiperionida
Lleva la rienda asida,
Al trocar forman música armoniosa,
Un argentino trueno,
Y en el azul sereno
Con sus cascos de fuego dejan huellas de rosa.
Adelante, oh cochero
Celeste, sobre Osa;
Y Pelión sobre Titania viva.
Atrás se queda el trémulo matutino lucero,
Y el universo el verso de su música activa.

Pasa, oh dominador, ¡oh conductor del carro
De la mágica ciencia! Pasa, pasa, oh bizarro
Manejador de la fatal cuadriga
Que al pisar sobre el viento
Despierta el instrumento
Sacro! Tiemblan las cumbres
De los montes más altos,
Que en sus rítmicos saltos
Tocó Pegaso. Giran muchedumbres
De águilas bajo el vuelo
De tu poder fecundo,
Y si hay algo que iguale la alegría del cielo,
Es el gozo que enciende las entrañas del mundo.

Helios!, tu triunfo es ése,
Pese a las sombras, pese
A la noche, y al miedo, y a la lívida Envidia.
Tú pasas, y la sombra, y el daño, y la desidia,
Y la negra pereza, hermana de la muerte,
Y el alacrán del odio que su ponzoña vierte,
Y Satán todo, emperador de las tinieblas,
Se hunden, caen. Y haces el alba rosa, y pueblas
De amor y de virtud las humanas conciencias,
Riegas todas las artes, brindas todas las ciencias;
Los castillos de duelo de la maldad derrumbas,
Abres todos los nidos, cierras todas las tumbas,

Y sobre los vapores del tenebroso Abismo,
Pintas la Aurora, el Oriflama de Dios mismo.

Helios! Portaestandarte
De Dios, padre del Arte;
La paz es imposible, mas el amor eterno.
Danos siempre el anhelo de la vida,
Y una chispa sagrada de tu antorcha encendida
Con que esquivar podamos la entrada del Infierno.

Que sientan las naciones
El volar de tu carro, que hallen los corazones
Humanos en el brillo de tu carro, esperanza;
Que del alma-Quijote, y el cuerpo-Sancho Panza
Vuele una psique cierta a la verdad del sueño;
Que hallen las ansias grandes de este vivir pequeño
Una realización invisible y suprema;
Helios! que no nos mate tu llama que nos quema!
Gloria hacia ti del corazón de las manzanas,
De los cálices blancos de los lirios,
Y del amor que manas
Hecho de dulces fuegos y divinos martirios,
Y del volcán inmenso,
Y del hueso minúsculo,
Y del ritmo que pienso,
Y del ritmo que vibra en el corpúsculo,
Y del Oriente intenso
Y de la melodía del crepúsculo.

Oh, ruido divino!
Pasa sobre la cruz del palacio que duerme,
Y sobre el alma inerme
De quien no sabe nada. No turbes el destino,
Oh, ruido sonoro!
El hombre, la nación, el continente, el mundo,
Aguardan la virtud de tu carro fecundo,
Cochero azul que riges los caballos de oro!

XIII

SPES

JESÚS, incomparable perdonador de injurias,
Oyeme; Sembrador de trigo, dame el tierno
Pan de tus hostias; dame, contra el sañudo infierno,
Una gracia lustral de iras y lujurias.

Dime que este espantoso horror de la agonía
Que me obsede, es no más de mi culpa nefanda,
Que al morir hallaré la luz de un nuevo día
Y que entonces oiré mi «Levántate y anda!».

XIV

MARCHA TRIUNFAL

YA viene el cortejo!
Ya viene el cortejo! Ya se oyen los claros clarines.
La espada se anuncia con vivo reflejo;
ya viene, oro y hierro, el cortejo de los paladines.

Ya pasa debajo los arcos ornados de blancas Minervas y Martes,
los arcos triunfales en donde las Famas erigen sus largas trompetas,
la gloria solemne de los estandartes
Llevados por manos robustas de heroicos atletas.
Se escucha el ruido que forman las armas de los caballeros,
Los frenos que mascan los fuertes caballos de guerra,
Los cascos que hieren la tierra
Y los timbaleros,
Que el paso acompasan con ritmos marciales.
Tal pasan los fieros guerreros
Debajo los arcos triunfales!

Los claros clarines de pronto levantan sus sones,
Su canto sonoro,
Su cálido coro,
Que envuelve en un trueno de oro
La augusta soberbia de los pabellones.
Él dice la lucha, la herida venganza,
Las ásperas crines,
Los rudos penachos, la pica, la lanza,
La sangre que riega de heroicos carmines
La tierra;
Los negros mastines
Que azuza la muerte, que rige la guerra.

Los áureos sonidos
anuncian el advenimiento
Triunfal de la Gloria;
Dejando el picacho que guarda sus nidos,
Tendiendo sus alas enormes al viento,
Los cóndores llegan. Llegó la victoria!

Ya pasa el cortejo.
Señala el abuelo los héroes al niño:
Ved cómo la barba del viejo
Los bucles de oro circunda de armiño.
Las bellas mujeres aprestan coronas de flores,
Y bajo los pórticos vense sus rostros de rosa;
Y la más hermosa
Sonríe al más fiero de los vencedores
Honor al que trae cautiva la extraña bandera;

Honor al herido y honor a los fieles
Soldados que muerte encontraron por mano extranjera!
Clarines! Laureles!

Las nobles espadas de tiempos gloriosos,
Desde sus panoplias saludan las nuevas coronas y lauros:
Las viejas espadas de los granaderos, más fuertes que osos,
Hermanos de aquellos lanceros que fueron centauros.
Las trompas guerreras resuenan;
De voces los aires se llenan...
A aquellas antiguas espadas,
A aquellos ilustres aceros,
Que encarnan las glorias pasadas...
Y al sol que hoy alumbra las nuevas victorias ganadas,
Y al héroe que guía su grupo de jóvenes fieros,
Al que ama la insignia del suelo materno,
Al que ha desafiado, ceñido el acero y el arma en la mano,
Los soles del rojo verano,
Las nieves y vientos del gélido invierno,
La noche, la escarcha
Y el odio y la muerte, por ser por la patria inmortal,
Saludan con voces de bronce las tropas de guerra que tocan la marcha
Triunfal!...

LOS CISNES

A

JUAN R. JIMÉNEZ

I

QUÉ signo haces, oh Cisne, con tu encorvado cuello
Al paso de los tristes y errantes soñadores?
Por qué tan silencioso de ser blanco y ser bello,
Tiránico a las aguas e impasible a las flores?

Yo te saludo ahora como en versos latinos
Te saludara antaño Publio Ovidio Nasón.
Los mismos ruiseñores catan los mismos trinos,
Y en diferentes lenguas es la misma canción.

A vosotros mi lengua no debe ser extraña.
A Garcilaso visteis, acaso, alguna vez...
Soy un hijo de América, soy un nieto de España...
Quevedo pudo hablaros en verso en Aranjuez...

Cisnes, los abanicos de vuestras alas frescas
Den a las frentes pálidas sus caricias más puras
Y alejen vuestras blancas figuras pintorescas
De nuestras mentes tristes las ideas oscuras.

Brumas septentrionales nos llenan de tristezas,
Se mueren nuestras rosas, se agotan nuestras palmas,
Casi no hay ilusiones para nuestras cabezas,
Y somos los mendigos de nuestras pobres almas.

Nos predican la guerra con águilas feroces,
Gerifaltes de antaño revienen a los puños,
Mas no brillan las glorias de las antiguas hoces,
No hay Rodrigos ni Jaimes, ni hay Alfonsos ni Nuños.

Faltos del alimento que dan las grandes cosas,
Qué haremos los poetas sino buscar tus lagos?
A falta de laureles son muy dulces las rosas,
Y a falta de victorias busquemos los halagos.

La América Española como la España entera
Fija está en el Oriente de su fatal destino;
Yo interrogo a la Esfinge, que el porvenir espera
Con la interrogación de tu cuello divino.

¿Seremos entregados a los bárbaros fieros?
Tantos millones de hombres hablaremos inglés?
Ya no hay nobles hidalgos ni bravos caballeros?
Callaremos ahora para llorar después?

He lanzado mi grito, Cisnes, entre vosotros,
Que habéis sido los fieles en la desilusión,
Mientras siento una fuga de americanos potros
Y el estertor postrero de un caduco león...

... Y un Cisne negro dijo: «La noche anuncia el día».
Y uno blanco: «La aurora es inmortal, la aurora
Es inmortal!» Oh, tierras de sol y de armonía,
Aún guarda la Esperanza la caja de Pandora!

EN LA MUERTE DE RAFAEL NÚÑEZ

Que sais-je?

EL pensador llegó a la barca negra;
Y le vieron hundirse
En las brumas del lago del Misterio
Los ojos de los Cisnes.

Su manto de poeta
Reconocieron los ilustres lises
Y el laurel y la espina entremezclados
Sobre la frente triste.

A lo lejos alzábamos los muros
De la ciudad teológica, en que vive
La sempiterna Paz. La negra barca
Llegó a la ansiada costa, y el sublime
Espíritu gozó la suma gracia;
Y, ¡oh Montaigne! Núñez vio la cruz erguirse,
Y halló al pie de la sacra Vencedora
El helado cadáver de la Esfinge.

III

POR un momento, oh Cisne, juntaré mis anhelos
A los de tus dos alas que abrazaron a Leda,
Y a mi maduro ensueño, aun vestido de seda,
Dirás, por los Dioscuros, la gloria de los cielos.

Es el otoño. Ruedan de la flauta consuelos.
Por un instante, oh Cisne, en la oscura alameda
Sorberé entre dos labios lo que el Pudor me veda,
Y dejaré mordidos Escrúpulos y Celos.

Cisne, tendré tus alas blancas por un instante,
Y el corazón de rosa que hay en tu dulce pecho
Palpitará en el mío con su sangre constante.

Amor será dichoso, pues estará vibrante
El júbilo que pone al gran Pan en acecho
Mientras un ritmo esconde la fuente de diamante.

IV

ANTES de todo, gloria de ti, Leda!
Tu dulce vientre, cubrió de seda
El Dios. Miel y oro sobre la brisa!
Sonaban alternativamente
Flauta y cristales, Pan y la fuente.
Tierra era canto, Cielo sonrisa!

Ante el celeste, supremo acto,
Dioses y bestias hicieron pacto.
Se dio a la alondra la luz del día,
Se dio a los búhos sabiduría,
Y mediodías al ruiseñor.
A los leones fue la victoria,
Para las águilas toda la gloria,
Y a las palomas todo el amor.

Pero vosotros sois los divinos
Príncipes. Vagos como las naves,
Inmaculados como los linos,
Maravillosos como las aves.

En vuestros picos tenéis las prendas,
Que manifiestan corales puros.
Con vuestros pechos abrís las sendas
Que arriban indican los Dioscuros.

Las dignidades de vuestros actos,
Eternizadas en lo infinito,
Hacen que sean ritmos exactos,
Voces de ensueño, luces de mito.

De orgullo olímpico sois el resumen,
Oh, blancas urnas de la harmonía!
Ebúrneas joyas que anima un numen
Con su celeste melancolía.

Melancolía de haber amado,
Junto a la fuente de la arboleda,
El luminoso cuello estirado
Entre los blancos muslos de Leda!

OTROS POEMAS

AL

DOCTOR ADOLFO ALTAMIRANO

RETRATOS

I

DON Gil, Don Juan, Don Lope, Don Carlos, Don Rodrigo,
¿Cúya es esta cabeza soberbia? ¿Esa faz fuerte?
¿Esos ojos de jaspe? ¿Esa barba de trigo?
Este fue un caballero que persiguió a la Muerte.

Cien veces hizo cosas tan sonoras y grandes,
Que de águilas poblaron el campo de su escudo,
Y ante su rudo tercio de América o de Flandes
Quedó el asombro ciego, quedó el espanto mudo.

La coraza revela fina labor; la espada
Tiene la cruz que erige sobre tu tumba el miedo;
Y bajo el puño firme que da su luz dorada,
Se afianza el rayo sólido del yunque de Toledo.

Tiene labios de Borgia, sangrientos labios dignos
De exquisitas calumnias, de rezar oraciones
Y de decir blasfemias: rojos labios malignos
Florecidos de anécdotas en cien Decamerones.

Y con todo, este hidalgo de un tiempo indefinido,
Fue abad solitario de un ignoto convento,
Y dedicó en la muerte sus hechos: «¡AL OLVIDO!»
Y el grito de su vida luciferina: «¡AL VIENTO!».

II

EN la forma cordial de la boca, la fresa
Solemniza su púrpura; y en el sutil dibujo
Del óvalo del rostro de la blanca abadesa
La pura frente es ángel y el ojo negro es brujo.

Al marfil monacal de esa faz misteriosa
Brota una dulce luz de un resplandor interno,
Que enciende en las mejillas una celeste rosa
En que su pincelada fatal puso el Infierno.

¡Oh, Sor María! ¡Oh, Sor María! ¡Oh, Sor María!
La mágica mirada y el continente regio,
¿No hicieron en una alma pecaminosa un día
Brotar el encendido clavel del sacrilegio?

Y parece que el hondo mirar cosas dijera,
Especiosas y ungidas de miel y de veneno.
(Sor María murió condenada a la hoguera:
Dos abejas volaron de las rosas del seno.)

II

POR EL INFLUJO DE LA PRIMAVERA

SOBRE el jarrón de cristal
Hay flores nuevas. Anoche
Hubo una lluvia de besos.
Despertó un fauno bicorne
Tras una alma sensitiva.
Dieron su olor muchas flores.
En la pasional siringa
Brotaron las siete voces
Que en siete carrizos puso
Pan.

Antiguos ritos paganos
Se renovaron. La estrella
De Venus brilló más límpida
Y diamantina. Las fresas
Del bosque dieron su sangre.
El nido estuvo de fiesta.
Un ensueño florentino
Se enfloró de primavera,
De modo que en carne viva
Renacieron ansias muertas.
Imaginaos un roble
Que diera una rosa fresca;
Un buen egipán latino
Con una bacante griega
Y parisiense. Una música
Magnífica. Una suprema
Inspiración primitiva,
Llena de cosas modernas.
Un vasto orgullo viril
Que aroma el *odor di femina*;
Un tronco de roca en donde
Descansa un lirio.

Divina Estación! Divina
Estación! Sonríe el alba
Más dulcemente. La cola
Del pavo real exalta
Su prestigio. El sol aumenta
Su íntima influencia; y el arpa
De los nervios vibra sola.
Oh, Primavera sagrada!
Oh, gozo del don sagrado
De la vida! Oh, bella palma

Sobre nuestras frentes! Cuello
Del cisne! Paloma blanca!
Rosa roja! Palio azul!
Y todo por ti, oh alma!
Y por ti, cuerpo, y por ti,
Idea, que los enlazas.
Y por Ti, lo que buscamos
Y no encontramos nunca,
Jamás!

III

LA DULZURA DEL ÁNGELUS...

LA dulzura del ángelus matinal y divino
Que diluyen ingenuas campanas provinciales,
En un aire inocente a fuerza de rosales,
De plegaria, de ensueño de virgen y de trino

De ruiseñor, opuesto todo al rudo destino
Que no cree en Dios... El áureo ovillo vespertino
Que la tarde devana tras opacos cristales
Por tejer la inconsútil tela de nuestros males

Todos hechos de carne y aromados de vino...
Y esta atroz amargura de no gustar de nada,
De no saber adónde dirigir nuestra prora

Mientras el pobre esquife en la noche cerrada
Va en las hostiles olas huérfano de la aurora...
(Oh, suaves campanas entre la madrugada!)

IV

TARDE DEL TRÓPICO

ES la tarde gris y triste.
Viste el mar de terciopelo
Y el cielo profundo viste
De duelo.

Del abismo se levanta
La queja amarga y sonora.
La onda, cuando el viento canta,
Llora.

Los violines de la bruma
Saludan al sol que muere.
Salmodia la blanca espuma:
Miserere.

La armonía el cielo inunda,
Y la brisa va a llevar
La canción triste y profunda
Del mar.

Del clarín del horizonte
Brota sinfonía rara,
Como si la voz del monte
Vibrara.

Cual si fuese la invisible...
Cual si fuese el rudo son
Que diese al viento un terrible
León.

V

NOCTURNO

QUIERO expresar mi angustia en versos que abolida
Dirán mi juventud de rosas y de ensueños,
Y la desfloración amarga de mi vida
Por un vasto dolor y cuidados pequeños.

Y el viaje a un vago Oriente por entrevistos barcos,
Y el grano de oraciones que floreció en blasfemias,
Y los azoramientos del cisne entre los charcos
Y el falso azul nocturno de inquerida bohemia.

Lejano clavicordio que en silencio y olvido
No diste nunca al sueño la sublime sonata,
Huérfano esquife, árbol insigne, oscuro nido
Que suavizó la noche de dulzura de plata...

Esperanza olorosa a hierbas frescas, trino
Del ruiseñor primaveral y matinal,
Azucena tronchada por un fatal destino,
Rebusca de la dicha, persecución del mal...

El ánfora funesta del divino veneno
Que ha de hacer por la vida la tortura interior,
La conciencia espantable de nuestro humano cieno
Y el horror de sentirse pasajero, el horror

De ir a tientas, en intermitentes espantos,
Hacia lo inevitable, desconocido, y la
Pesadilla brutal de este dormir de llantos
De la cual no hay más que Ella que nos despertará!

VI

CANCIÓN DE OTOÑO EN PRIMAVERA

A Martínez Sierra

JUVENTUD, divino tesoro,
Ya te vas para no volver!
Cuando quiero llorar, no lloro...
Y a veces lloro sin querer...

Plural ha sido la celeste
Historia de mi corazón.
Era una dulce niña, en este
Mundo de duelo y aflicción.

Miraba como el alba pura;
Sonreía como una flor.
Era su cabellera oscura
Hecha de noche y de dolor.

Yo era tímido como un niño.
Ella, naturalmente, fue,
Para mi amor hecho de armiño,
Herodías y Salomé...

Juventud, divino tesoro,
Ya te vas para no volver!
Cuando quiero llorar, no lloro...
Y a veces lloro sin querer...

Y más consoladora y más
Halagadora y expresiva
La otra fue más sensitiva
Cual no pensé encontrar jamás.

Pues a su continua ternura
Una pasión violenta unía.
En un peplo de gasa pura
Una bacante se envolvía...

En sus brazos tomó mi ensueño
Y lo arrulló como a un bebé...
Y le mató, triste y pequeño,
Falto de luz, de fe...

Juventud, divino tesoro,
Te fuiste para no volver!
Cuando quiero llorar, no lloro...
Y a veces lloro sin querer...

Otra juzgó que era mi boca
El estuche de su pasión;
Y que me roería, loca,
Con sus dientes el corazón.

Poniendo en un amor de exceso
La mira de su voluntad,
Mientras eran abrazo y beso
Síntesis de la eternidad;

Y de nuestra carne ligera
Imaginar siempre un Edén,
Sin pensar que la Primavera
Y la carne acaban también...

Juventud, divino tesoro,
Ya te vas para no volver!
Cuando quiero llorar, no lloro...
Y a veces lloro sin querer.

Y las demás! En tantos climas,
En tantas tierras siempre son,
Si no pretextos de mis rimas
Fantasmas de mi corazón.

En vano busqué a la princesa
Que estaba triste de esperar.
La vida es dura. Amarga y pesa.
Ya no hay princesa que cantar!

Mas a pesar del tiempo, terco,
Mi sed de amor no tiene fin;
Con el cabello gris, me acerco
A los rosales del jardín...

Juventud, divino tesoro,
Ya te vas para no volver!
Cuando quiero llorar, no lloro...
Y a veces lloro sin querer...

Mas es mía el Alba de oro!

VII

TRÉBOL

I

DE DON LUIS DE ARGOTE Y GÓNGORA

A DON DIEGO DE SILVA VELÁZQUEZ

MIENTRAS el brillo de tu gloria augura
Ser en la eternidad sol sin poniente,
Fénix de viva luz, fénix ardiente,
Diamante parangón de la pintura,

De España está sobre la veste oscura
Tu nombre, como joya reluciente;
Rompe la Envidia el fatigado diente,
Y el Olvido lamenta su amargura.

Yo en equívoco altar, tú en sacro fuego,
Miro a través de mi penumbra el día
En que el calor de tu amistad, Don Diego,

Jugando de la luz con la armonía,
Con la alma luz, de tu pincel el juego
El alma duplicó de la faz mía.

II

DE DON DIEGO DE SILVA VELÁZQUEZ
A DON LUIS DE ARGOTE Y GÓNGORA

ALMA de oro, fina voz de oro,
Al venir hacia mí, ¿por qué suspiras?
Ya empieza el noble coro de las liras
A preludiar el himno a tu decoro;

Ya al misterioso son del noble coro
Calma el Centauro sus grotescas iras,

Y con nueva pasión que les inspiras,
tornan a amarse Angélica y Medoro.

A Teócrito y Poussin la Fama dote
Con la corona de laurel supremo;
Que en donde da Cervantes el Quijote

Y yo las telas con mis luces gemo,
Para Don Luis de Góngora y Argote
Traerá una nueva palma Polifemo.

III

EN tanto «pace estrellas» el Pegado divino,
Y vela tu hipogrifo, Velázquez, la Fortuna,
En los celestes parques al Cisne gongorino
Deshoja sus sutiles margaritas la Luna.

Tu castillo, Velázquez, se eleva en el camino
Del Arte como torre que de águilas es cuna,
Y tu castillo, Góngora, se alza al azul cual una
Jaula de ruiseñores labrada en oro fino.

Gloriosa la península que abriga tal colonia.
Aquí bronce corintio, y allá mármol de Jonia!
Las rosas a Velázquez, y a Góngora claveles.

De ruiseñores y águilas se pueblan las encimas,
Y mientras pasa Angélica sonriendo a las Meninas,
Salen las nueve musas de un bosque de laureles.

VIII

«CHARITAS»

A Vicente de Paul, nuestro Rey Cristo
Con dulce lengua dice:
—Hijo mío, tus labios
Dignos son de imprimirse
En la herida que el ciego
En mi costado abrió. Tu amor sublime
Tiene sublime premio: asciende y goza
Del alto galardón que conseguiste.

El alma de Vicente llega al coro
De los alados ángeles que al triste
Mortal custodian: eran más brillantes
Que los celestes astros. Cristo: Sigue,—
Dijo el amado espíritu del Santo.—

Ve entonces la región en donde existen
Los augustos Arcángeles, zodíaco
De diamantina nieve, indestructibles
Ejércitos de luz y mensajeras
Castas palomas o águilas insignes.

Luego la majestad esplendorosa
Del coro de los Príncipes,
Que las divinas órdenes realizan
Y en el humano espíritu presiden;
El coro de las altas Potestades
Que al torrente infernal levantan diques:
El coro de las místicas Virtudes,
Las huellas de los mártires
Y las intactas manos de las vírgenes;
El coro prestigioso
De las Dominaciones que dirigen
Nuestras almas al bien, y el coro excelso
De los Tronos insignes,
Que del Eterno el solio,
Cariátides de luz indefinible,
Sostienen por los siglos de los siglos,
Y al coro de Querubes que compite
Con la antorcha del sol.

Por fin, la gloria

de teológico fuego en que se erigen
Las llamas vivas de inmortal esencia.

Cristo al Santo bendice
Y así penetra el Serafín de Francia
al coro de los ígneos Serafines.

IX

OH, terremoto mental!
Yo sentí un día en mi cráneo
Como el caer subitáneo
De una Babel de cristal.

De Pascal miré el abismo,
Y vi lo que pudo ver
Cuando sintió Baudelaire
«El ala del idiotismo».

Hay, no obstante, que ser fuerte;
Pasar todo precipicio
Y ser vencedor del Vicio,
De la Locura y la Muerte.

X

EL verso sutil que pasa o se posa
Sobre la mujer o sobre la rosa,
Beso puede ser, o ser mariposa.

En la fresca flor el verso sutil;
El triunfo de Amor en el mes de Abril:
Amor, verso y flor, la niña gentil.

Amor y dolor. Halagos y enojos
Herodías ríe en los labios rojos.
Dos verdugos hay que están en los ojos.

Oh, saber amar es saber sufrir,
Amar y sufrir, sufrir y sentir,
Y el hacha besar que nos ha de herir...

Rosa de dolor, gracia femenina;
Inocencia y luz, corola divina!
Y aroma fatal y cruel espina...

Líbranos, Señor, de Abril y la flor,
Y del cielo azul, y del ruiseñor,
De dolor y amor, líbranos, Señor.

XI

FILOSOFÍA

SALUDA al sol, araña, no seas rencorosa.
Da tus gracias a Dios, oh sapo, pues que eres.
El peludo cangrejo tiene espinas de rosa
Y los moluscos reminiscencias de mujeres.
Sabed ser lo que sois, enigmas siendo formas;
Dejad la responsabilidad a las Normas,
Que a su vez la enviarán al Todopoderoso...
(Toca, grillo, a la luz de la luna; y dance el oso.)

XII

LEDA

EL cisne en la sombra parece de nieve;
Su pico es de ámbar, del alba al trasluz;
El suave crepúsculo que pasa tan breve
Las cándidas alas sonrosa de luz.

Y luego, en las ondas del lago azulado,
Después que la aurora perdió su arrebol,
Las alas tendidas y el cuello enarcado,
El cisnes de plata, bañado de sol.

Tal es, cuando esponja las plumas de seda,
Olímpico pájaro herido de amor,
Y viola en las linfas sonoras a Leda,
Buscando su pico los labios en flor.

Suspira la bella desnuda y vencida,
Y en tanto que al aire sus quejas se van,
Del fondo verdoso de fronda tupida
Chispean turbados los ojos de Pan.

XIII

DIVINA Psiquis, dulce mariposa invisible
Que desde los abismos has venido a ser todo
Lo que en mi ser nervioso y en mi cuerpo sensible
Forma la chispa sacra de la estatua de lodo!

Te asomas por mis ojos a la luz de la tierra
Y prisionera vives en mí de extraño duelo;
Te reducen a esclava mis sentidos en guerra
Y apenas vagas libre por el jardín del sueño.

Sabia de Lujuria que sabe antiguas ciencias,
Te sacudes a veces entre imposibles muros,
Y más allá de todas las vulgares conciencias
Exploras los recodos más terribles y oscuros.

Y encuentras sombra y duelo. Que sombra y duelo encuentres
Bajo la viña en donde nace el vino del Diablo.
Te posas en los senos, te posas en los vientres
Que hicieron a Juan loco e hicieron cuerdo a Pablo.

A Juan virgen y a Pablo militar y violento,
A Juan que nunca supo del supremo contacto;
A Pablo el tempestuoso que halló a Cristo en el viento,
Y a Juan ante quien Hugo se queda estupefacto.

Entre la catedral y las ruinas paganas
Vuelas, ¡oh, Psiquis, oh, alma mía!
—Como decía
aquel celeste Edgardo,
Que entró en el paraíso entre un son de campanas
Y un perfume de nardo,—
Entre la catedral
Y las paganas ruinas
Repares tus dos alas de cristal,
Tus dos alas divinas.
Y de la flor
Que el ruiseñor
Canta en su griego antiguo, de la rosa,
Vuelas, ¡oh, Mariposa!,
A posarte en un clavo de nuestro Señor!

XIV

EL SONETO DE TRECE VERSOS

DE una juvenil inocencia
Qué conservar sino el sutil
Perfume, esencia de su Abril,
La más maravillosa esencia!

Por lamentar a mi conciencia
Quedó de un sonoro marfil
Un cuento que fue de las *Mil*
Y Una Noches de mi existencia...

Scherezada se entredurmió...
El Visir quedó meditando...
Dinarzada el día olvidó...

Mas el pájaro azul volvió...
Pero...

No obstante...

Siempre...

Cuando...

XV

OH, miseria de toda lucha por lo finito!
Es como el ala de la mariposa
Nuestro brazo que deja el pensamiento escrito.
Nuestra infancia vale la rosa,
El relámpago nuestro mirar,
Y el ritmo que en el pecho
Nuestro corazón mueve,
Es un ritmo de onda de mar,
O un caer de copo de nieve,
O el del cantar
Del ruiseñor,
Que dura lo que dura el perfumar
De su hermana la flor.
Oh, miseria de toda lucha por lo finito!
El alma que se advierte sencilla y mira clara-
Mente la gracia pura de la luz cara a cara,
como el botón de rosa, como la coccinela,
Esa alma es la que al fondo del infinito vuela.
El alma que ha olvidado la admiración, que sufre
En la melancolía agria, olorosa a azufre,
De envidiar malamente y duramente, anida
En un nido de topos. Es manca. Está tullida.
Oh, miseria de toda lucha por lo finito!

XVI

A PHOCÁS EL CAMPESINO

PHOCÁS el campesino, hijo mío, que tienes,
En apenas escasos meses de vida, tantos
Dolores en tus ojos que esperan tantos llantos
Por el fatal pensar que revelan tus sienes...

Tarda en venir a este dolor a donde vienes,
A este mundo terrible en duelos y en espantos;
Duerme bajo los Angeles, sueña bajo los santos,
Que ya tendrás la Vida para que te envenenes...

Sueña, hijo mío, todavía, y cuando crezcas,
Perdóname el fatal don de darte la vida
Que yo hubiera querido de azul y rosas frescas;

Pues tú eres la crisálida de mi alma entristecida,
Y te he de ver en medio del triunfo que merezcas
Renovando el fulgor de mi psique abolida.

XVII

CARNE, celeste carne de la mujer! Arcilla
—Dijo Hugo— ambrosía más bien, ¡oh maravilla!,
La vida se soporta,
Tan doliente y tan corta,
Solamente por eso:
Roce, mordisco o beso
En ese pan divino
Para el cual nuestra sangre es nuestro vino!
En ella está la lira,
En ella está la rosa,
En ella está la ciencia armoniosa,
En ella se respira
El perfume vital de toda cosa.

Eva y Cipris concentran el misterio
Del corazón del mundo.
Cuando el áureo Pegaso
En la victoria matinal se lanza
Con el mágico ritmo de su paso
Hacia la vida y hacia la esperanza,
Si alza la crin y las narices hincha
Y sobre las montañas pone el casco sonoro
Y hacia la mar relincha,
Y el espacio se llena
De un gran temblor de oro,
es que ha visto desnuda a Anadiomena.

Gloria, ¡oh Potente a quien las sombras temen!
Que las más blancas tórtolas te inmolen!
Pues por ti la floresta está en el polen
Y el pensamiento en el sagrado semen!
Gloria, ¡oh Sublime que eres la existencia
Por quien siempre hay futuros en el útero eterno!
Tu boca sabe al fruto del árbol de la Ciencia
Y al torcer tus cabellos apagaste el infierno!

Inútil es el grito de la legión cobarde
Del interés, inútil el progreso
yankee, si te desdeña.
Si el progreso es de fuego, por ti arde.
Toda lucha del hombre va a tu beso,
Por ti se combate o se sueña!

Pues en ti existe Primavera para el triste,
Labor gozosa para el fuerte,

Néctar, Anfora, dulzura amable.
Porque en ti existe
El placer de vivir hasta la muerte
Ante la eternidad de lo probable!...

XVIII

UN SONETO A CERVANTES

A Ricardo Calvo

HORAS de pesadumbre y de tristeza
Paso en mi soledad. Pero Cervantes
Es buen amigo. Endulza mis instantes
Asperos, y reposa mi cabeza.

El es la vida y la naturaleza,
Regala un yelmo de oros y diamantes
A mis sueños errantes.
Es para mí: suspira, ríe y reza.

Cristiano y amoroso y caballero,
Parla como un arroyo cristalino.
Así le admiro y quiero,

Viendo cómo el destino
Hace que regocije al mundo entero
La tristeza inmortal de ser divino!

XIX

MADRIGAL EXALTADO

A Mademoiselle Villagrán

DIES irae, dies illa!
Solvet saeclum in favilla
Cuando quema esa pupila!

La tierra se vuelve loca,
El cielo a la tierra invoca
Cuando sonríe esa boca.

Tiemblan los lirios tempranos
Y los árboles lozanos
Al contacto de esas manos.

El bosque se encuentra estrecho
Al egipán en acecho
Cuando respira ese pecho.

Sobre los senderos, es
Como una fiesta, después
Que se han sentido esos pies;

Y el Sol, sultán de orgullosas
Rosas, dice a sus hermosas
Cuando en primavera están:
Rosas, rosas, dadme rosas
Para Adela Villagrán!

XX

MARINA

MAR armonioso,
Mar maravilloso,
Tu salada fragancia,
Tus colores y músicas sonoras
Me dan la sensación divina de mi infancia
En que suaves las horas
Venían en un paso de danza reposada
A dejarme un ensueño o regalo de hada.

Mar armonioso,
Mar maravilloso
De arcadas de diamante que se rompe en vuelos
Rítmicos que denuncian algún ímpetu oculto,
Espejo de mis vagas ciudades de los cielos,
Blanco y azul tumulto
De donde brota un canto
Inextinguible,
Mar paternal, mar santo,
Mi alma siente la influencia de tu alma invisible.

Velas de los Colones
Y velas de los Vascos,
Hostigadas por odios de ciclones
Ante la hostilidad de los peñascos;
O galeras de oro,
Velas purpúreas de bajeles
Que saludaron el mugir del toro
Celeste, con Europa sobre el lomo
Que salpicaba la revuelta espuma.
Magnífico y sonoro
Se oye en las aguas como
Un tropel de tropeles,
Tropel de los tropeles de tritones!
Brazos salen de la onda, suenan vagas canciones,
Brillan piedras preciosas,
Mientras en las revueltas extensiones
Venus y el Sol hacen nacer mil rosas.

XXI

CLEOPOMPO Y HELIODEMO

A Vargas Vila

CLEOPOMPO y Heliodemo, cuya filosofía
Es idéntica, gustan dialogar bajo el verde
Palio del platanar. Allí Cleopompo muerde
La manzana epicúrea y Heliodemo fía

Al aire su confianza en la eterna armonía.
Malhaya quien las Parcas inhumano recuerde:
Si una sonora perla de la clepsidra pierde,
No volverá a ofrecerla la mano que la envía.

Una vaca aparece, crepuscular. Es hora
En que el grillo en su lira hace halagos a Flora,
Y en el azul florece un diamante supremo:

Y en la pupila enorme de la bestia apacible
Miran como que rueda en un ritmo visible
La música del mundo, Cleopompo y Heliodemo.

XXII

AY, TRISTE DEL QUE UN DÍA...

AY, triste del que un día en su esfinge interior
Pone los ojos e interroga. Está perdido.
Ay del que pide eurekas al placer o al dolor.
Dos dioses hay, y son: Ignorancia y Olvido.

Lo que el árbol desea decir y dice al viento,
Y lo que el animal manifiesta en su instinto,
Cristalizamos en palabras y pensamientos.
Nada más que maneras expresan lo distinto.

XXIII

EN el país de las Alegorías
Salomé siempre danza,
Ante el tiarado Herodes,
Eternamente.
Y la cabeza de Juan el Bautista,
Ante quien también los leones,
Cae al hachazo. Sangre llueve.
Pues la rosa sexual
Al entreabrirse
Conmueve todo lo que existe,
Con su efluvio carnal
Y con su enigma espiritual.

XXIV

AUGURIOS

A E. Díaz Romero

HOY pasó un águila
Sobre mi cabeza,
Lleva en sus alas
La tormenta,
Lleva en sus garras
El rayo que deslumbra y aterra.
Oh, águila!
Dame la fortaleza
De sentirme en el lodo humano
Con alas y fuerzas
Para resistir los embates
De las tempestades perversas,
Y de arriba las cóleras
Y de abajo las roedoras miserias.

Pasó un búho
Sobre mi frente.
Yo pensé en Minerva
Y en la noche solemne.
Oh, búho!
Dame tu silencio perenne,
Y tus ojos profundos en la noche
Y tu tranquilidad ante la muerte.
Dame tu nocturno imperio
Y tu sabiduría celeste,
y tu cabeza cual la de Jano,
Que, siendo una, mira a Oriente y Occidente.

Pasó una paloma
Que casi rozó con sus alas mis labios.
Oh, paloma!
Dame tu profundo encanto
De saber arrullar, y tu lascivia
En campo tornasol; y en campo
De luz tu prodigioso
Ardor en el divino acto.
(Y dame la justicia en la naturaleza,
Pues, en este caso,
Tú serás la perversa
Y el chivo será el casto.)

Pasó un gerifalte. Oh, gerifalte!
Dame tus uñas largas
Y tus ágiles alas cortadoras de viento,
Y tus ágiles patas,
Y tus uñas que bien se hunden
En las carnes de la caza.
Por mi cetrería
Irás en jira fantástica,
Y me traerás piezas famosas
Y raras,
Palpitantes ideas,
Sangrientas almas.

Pasa el ruiseñor.
Ah divino doctor!
No me des nada. Tengo tu veneno,
Tu puesta de sol
Y tu noche de luna y tu lira,
Y tu lírico amor.
(Sin embargo, en secreto,
Tu amigo soy,
Pues más de una vez me has brindado,
En la copa de mi dolor,
Con el elixir de la luna
Celeste gotas de Dios...)

Pasa un murciélago.
Pasa una mosca. Un moscardón.
Una abeja en el crepúsculo.
No pasa nada.
La muerte llegó.

XXV

MELANCOLÍA

A Domingo Bolívar

HERMANO, tú que tienes la luz, dime la mía.
Soy como un ciego. Voy sin rumbo y ando a tientas.
Voy bajo tempestades y tormentas,
Ciego de ensueño y loco de armonía.

Ese es mi mal. Soñar. La poesía
Es la camisa férrea de mil puntas cruentas
Que llevo sobre el alma. Las espinas sangrientas
Dejan caer las gotas de mi melancolía.

Y así voy, ciego y loco, por este mundo amargo;
A veces me parece que el camino es muy largo,
Y a veces que es muy corto...

Y en este titubeo de aliento y agonía,
Cargo lleno de penas lo que apenas soporto.
No oyes caer las gotas de mi melancolía?

XXVI

ALELUYA!

A Manuel Machado

ROSAS rosadas y blancas, ramas verdes,
Corolas frescas y frescos
ramos, Alegría!

Nidos en los tibios árboles,
Huevos en los tibios nidos,
dulzura, Alegría!

El beso de esa muchacha
Rubia, y el de esa morena,
y el de esa negra, Alegría!

Y el vientre de esa pequeña
De quince años, y sus abrazos
Armoniosos, Alegría!

Y el aliento de la selva virgen,
Y el de las vírgenes hembras,
Y las dulces rimas de la Aurora,
Alegría, Alegría, Alegría!

XXVII

DE OTOÑO

YO sé que hay quienes dicen: ¿Por qué no canta ahora
Con aquella locura armoniosa de antaño?
Esos no ven la obra profunda de la hora,
La labor del minuto y el prodigio del año.

Yo, pobre árbol, produje, al amor de la brisa,
Cuando empecé a crecer, un vago y dulce son.
Pasó ya el tiempo de la juvenil sonrisa:
Dejad al huracán mover mi corazón!

XXVIII

A GOYA

PODEROSO visionario,
Raro ingenio temerario,
Por ti enciendo mi incensario.

Por ti, cuya gran paleta,
Caprichosa, brusca, inquieta,
Debe amar todo poeta;

Por tus lóbregas visiones,
Tus blancas irradiaciones,
Tus negros y bermellones;

Por tus colores dantescos,
Por tus majos pintorescos,
Y las glorias de tus frescos.

Porque entra en tu gran tesoro
El diestro que mata al toro,
La niña de rizos de oro,

Y con el bravo torero,
El infante, el caballero,
La mantilla y el pandero.

Tu loca mano dibuja
La silueta de la bruja
Que en la sombra se arrebuja,

Y aprende una abracadabra
Del diablo patas de cabra
Que hace una mueca macabra.

Musa soberbia y confusa,
Angel, espectro, medusa:
Tal parece tu musa.

Tu pincel asombra, hechiza,
Ya en sus claros electriza,
Ya en sus sombras sinfoniza;

Con las manolas amables,
Los reyes, los miserables,
O los Cristos lamentables.

En tu claroscuro brilla
La luz muerta y amarilla
De la horrenda pesadilla,

O hace encender tu pincel
Los rojos labios de miel
O la sangre del clavel.

Tienen ojos asesinos
En sus semblantes divinos
Tus ángeles femeninos.

Tu caprichosa alegría
Mezclaba la luz del día
Con la noche oscura y fría:

Así es de ver y admirar
Tu misteriosa y sin par
Pintura crepuscular.

De lo que da testimonio:
Por tus frescos, San Antonio;
Por tus brujas, el demonio.

XXIX

CARACOL

A Antonio Machado

EN la playa he encontrado un caracol de oro
Macizo y recamado de las perlas más finas;
Europa le ha tocado con sus manos divinas
Cuando cruzó las ondas sobre el celeste toro.

He llevado a mis labios el caracol sonoro
Y he suscitado el eco de las dianas marinas,
Le acerqué a mis oídos y las azules minas
Me han contado en voz baja su secreto tesoro.

Así la sal me llega de los vientos amargos
Que en sus hinchadas velas sintió la nave Argos
Cuando amaron los astros el sueño de Jasón;

Y oigo un rumor de olas y un incógnito acento
Y un profundo oleaje y un misterioso viento...
(El caracol la forma tiene de un corazón).

XXX

AMO, AMAS

AMAR, amar, amar, amar, siempre, con todo
El ser y con la tierra y con el cielo,
Con lo claro del sol y lo oscuro del lodo;
Amar por toda ciencia y amar por todo anhelo.

Y cuando la montaña de la vida
Nos sea dura y larga y alta y llena de abismos,
Amar la inmensidad que es de amor encendida
Y arder en la fusión de nuestros pechos mismos!

XXXI

SONETO AUTUMNAL AL MARQUÉS DE BRADOMÍN

MARQUÉS (como el Divino lo eres), te saludo.
Es el otoño y vengo de un Versalles doliente.
Había mucho frío y erraba vulgar gente.
El chorro de agua de Verlaine estaba mudo.

Me quedé pensativo ante un mármol desnudo,
Cuando vi una paloma que pasó de repente,
Y por caso de cerebración inconsciente
Pensé en ti. Toda exégesis en este caso eludo.

Versalles otoñal; una paloma; un lindo
Mármol; un vulgo errante, municipal y espeso;
Anteriores lecturas de tus sutiles prosas;

La reciente impresión de tus triunfos... prescindo
De más detalles para explicarte por eso
como, autumnal, te envío este ramo de rosas.

XXXII

NOCTURNO

A Mariano de Cavia

LOS que auscultasteis el corazón de la noche,
Los que por el insomnio tenaz habéis oído
El cerrar de una puerta, el resonar de un coche
Lejano, un eco vago, un ligero ruido...

En los instantes del silencio misterioso,
Cuando surgen de su prisión los olvidados,
En la hora de los muertos, en la hora del reposo,
Sabréis leer estos versos de amargor impregnados!...

Como en un vaso vierto en ellos mis dolores
De lejanos recuerdos y desgracias funestas,
Y las tristes nostalgias de mi alma, ebria de flores,
Y el duelo de mi corazón, triste de fiestas.

Y el pesar de no ser lo que yo hubiera sido,
La pérdida del reino que estaba para mí,
El pensar que un instante puede no haber nacido,
Y el sueño que es mi vida desde que yo nací!

Todo esto viene en medio del silencio profundo
En que la noche envuelve la terrena ilusión,
Y siento como un eco del corazón del mundo
Que penetra y conmueve mi propio corazón.

XXXIII

URNA VOTIVA

A Lamberti

SOBRE el caro despojo esta urna cincelo:
Un amable frescor de inmortal siempreviva
Que decore la greca de la urna votiva
En la copa que guarda el rocío del cielo;

Una alondra fugaz sorprendida en su vuelo
Cuando fuese a cantar en la rama de oliva,
Una estatua de Diana en la selva nativa
Que la Musa Armonía envolviera en su velo.

Tal si fuese escultor con amor cincelara
En el mármol divino que brindase Carrara,
Coronando la obra una lira, una cruz,

Y sería mi sueño, al nacer de la aurora,
Contemplar en la faz de una niña que llora
Una lágrima llena de amor y de luz.

XXXIV

PROGRAMA MATINAL

CLARAS horas de la mañana
En que mil clarines de oro
Dicen la divina diana!
Salve al celeste Sol sonoro!

En la angustia de la ignorancia
De lo porvenir, saludemos
La barca llena de fragancia
Que tiene de marfil los remos.

Epicúreos o soñadores
Amemos la gloriosa Vida,
Siempre coronada de flores
Y siempre la antorcha encendida!

Exprimamos de los racimos
De nuestra vida transitoria
Los placeres por que vivimos
Y los champañas de la gloria.

Devanemos de Amor los hilos,
Hagamos, porque es bello, el bien,
Y después durmamos tranquilos
Y por siempre jamás. Amén.

XXXV

IBIS

CUIDADOSO estoy siempre ante el Ibis de Ovidio,
Enigma humano tan ponzoñoso y suave
Que casi no pretende su condición de ave
Cuando se ha conquistado sus terrores de ofidio.

XXXVI

THANATOS

EN *medio del camino de la vida...*
Dijo Dante, su verso se convierte:
En medio del camino de la Muerte.

Y no hay que aborrecer a la ignorada
Emperatriz y reina de la Nada.
Por ella nuestra tela está tejida,
Y ella en la copa de los sueños vierte
Un contrario nepente: ella no olvida!

XXXVII

OFRENDA

BANDERA que aprisiona

el aliento de Abril,

corona

tu torre de marfil.

Cual princesa encantada,

eres mimada por

un hada

de rosado color.

Las rosas que tú pises

tu boca han de envidiar;

los lises

tu pureza estelar.

Carrera de Atalanta

lleva tu dicha en flor;

y canta

tu nombre un ruiseñor.

Y si meditabunda

sientes pena fugaz,

inunda

luz celeste tu faz.

Ronsard, lira de Galicia,

te daría un rondel,

Italia

te brindara el pincel,

Para que la corona

tuvieses, celestial

Madona,

en un lienzo inmortal.

Ten al laurel cariño,

hoy cuando aspiro a que

vaya a ornar tu corpiño

mi rimado bouquet

XXXVIII

PROPÓSITO PRIMAVERAL

A Vargas Vila

A saludar me ofrezco y a celebrar me obligo
Tu triunfo, Amor, al beso de la estación que llega
Mientras el blanco cisne del lago azul navega
En el mágico parque de mis triunfos testigo.

Amor, tu hoz de oro ha segado mi trigo;
Por ti me halaga el suave son de la flauta griega,
Y por ti Venus pródiga sus manzanas me entrega
Y me brinda las perlas de las mieles del higo.

En el erecto término coloco una corona
En que de rosas frescas la púrpura detona;
Y en tanto canta el agua bajo el boscaje oscuro,

Junto a la adolescente que en el misterio inicio
Apuraré, alternando con tu dulce ejercicio,
Las ánforas de oro del divino Epicuro.

XXXIX

LETANÍA DE NUESTRO SEÑOR

DON QUIJOTE

A Navarro Ledesma

REY de los hidalgos, señor de los tristes,
Que de fuerza alientas y de ensueños vistes,
Coronado de áureo yelmo de ilusión;
Que nadie ha podido vencer todavía,
Por la adarga al brazo, toda fantasía,
Y la lanza en ristre, toda corazón.

Noble peregrino de los peregrinos,
Que santificaste todos los caminos
Con el paso augusto de tu heroicidad,
Contra las certezas, contra las conciencias
Y contra las leyes y contra las ciencias,
Contra la mentira, contra la verdad...

Caballero errante de los caballeros,
Varón de varones, príncipe de fieros,
Par entre los pares, maestro, salud!
¡Salud, porque juzgo que hoy muy poca tienes,
Entre los aplausos o entre los desdenes,
Y entre las coronas o los parabienes
Y las tonterías de la multitud!

¡Tú, para quien pocas fueran las victorias
Antiguas y para quien clásicas glorias
Serían apenas de ley y razón,
Soportas elogios, memorias, discursos,
Resistes certámenes, tarjetas, concursos,
Y, teniendo a Orfeo, tienes a orfeón!

Escucha, divino Rolando del sueño,
A un enamorado de tu Clavileño,
Y cuyo Pegaso relincha hacia ti;
Escucha los versos de estas letanías,
Hechas con las cosas de todos los días
Y con otras que en lo misterioso vi.

¡Ruega por nosotros, hambrientos de vida,
Con el alma a tientas, con la fe perdida,
Llenos de congojas y faltos de sol,
Por advenedizas almas de manga ancha,
Que ridiculizan el ser de la Mancha,
El ser generoso y el ser español!

Ruega por nosotros, que necesitamos
Las mágicas rosas, los sublimes ramos
De laurel! *Pro nobis ora*, gran señor.
(Tiembla la floresta de laurel del mundo,
Y antes que tu hermano vago, Segismundo,
El pálido Hamlet te ofrece una flor.)

Ruega generoso, piadoso, orgulloso,
Ruega casto, puro, celeste, animoso;
Por nos intercede, suplica por nos,
Pues casi ya estamos sin savia, sin brote,
Sin alma, sin vida, si luz, sin Quijote,
Sin pies y sin alas, sin Sancho y sin Dios.

De tantas tristezas, de dolores tantos,
De los superhombres de Nietzsche, de cantos
Afonos, recetas que firma un doctor,
De las epidemias de horribles blasfemias
De las Academias,
Líbranos, señor.

De rudos malsines,
Falsos paladines,
Y espíritus finos y blandos y ruines,
Del hampa que sacia
Su canallocracia
Con burlar la gloria, la vida, el honor,
Del puñal con gracia,
¡Líbranos, señor!

Noble peregrino de los peregrinos,
Que santificaste todos los caminos,
Con el paso augusto de tu heroicidad,
Contra las certezas, contra las conciencias
Y contra las leyes y contra las ciencias,
Contra la mentira, contra la verdad...

Ora por nosotros, señor de los tristes
Que de fuerza alientas y de ensueños vistes,

Coronado de áureo yelmo de ilusión;
Que nadie ha podido vencer todavía,
Por la adarga al brazo toda fantasía,
Y la lanza en ristre, toda corazón!

XL

ALLÁ LEJOS

BUEY que vi en mi niñez echando vaho un día
Bajo el nicaragüense sol de encendidos oros,
En la hacienda fecunda, plena de la armonía
Del trópico; paloma de los bosques sonoros
Del viento, de las hachas, de pájaros y toros
Salvajes, yo os saludo, pues sois la vida mía.

Pesado buey, tú evocas la dulce madrugada
Que llamaba a la ordeña de la vaca lechera,
Cuando era mi existencia toda blanca y rosada,
Y tú, paloma arrulladora y montañera,
Significas en mi primavera pasada
Todo lo que hay en la divina Primavera.

XLI

LO FATAL

A René Pérez

DICHOSO el árbol que es apenas sensitivo,
Y más la piedra dura porque esa ya no siente,
Pues no hay dolor más grande que el dolor de ser vivo,
Ni mayor pesadumbre que la vida consciente.

Ser, y no saber nada, y ser sin rumbo cierto
Y el temor de haber sido y un futuro terror...
Y el espanto seguro de estar mañana muerto,
Y sufrir por la vida por la sombra y por

Lo que no conocemos y apenas sospechamos,
Y la carne que tienta con sus frescos racimos,
Y la tumba que aguarda con sus fúnebres ramos,
Y no saber adónde vamos,
Ni de dónde venimos!...

FIN

Made in the USA
Columbia, SC
02 July 2021